Impressum
Verlag: BABADADA GmbH, Nedderfeld 112 , 22529 Hamburg
Geschäftsführer / Verlagsleitung: Harald Hof
Druck: Books on Demand GmbH, In de Tarpen 42, 22848 Norderstedt

Imprint
Publisher: BABADADA GmbH, Nedderfeld 112 , 22529 Hamburg, Germany
Managing Director / Publishing direction: Harald Hof
Print: Books on Demand GmbH, In de Tarpen 42, 22848 Norderstedt

el colegio

scol

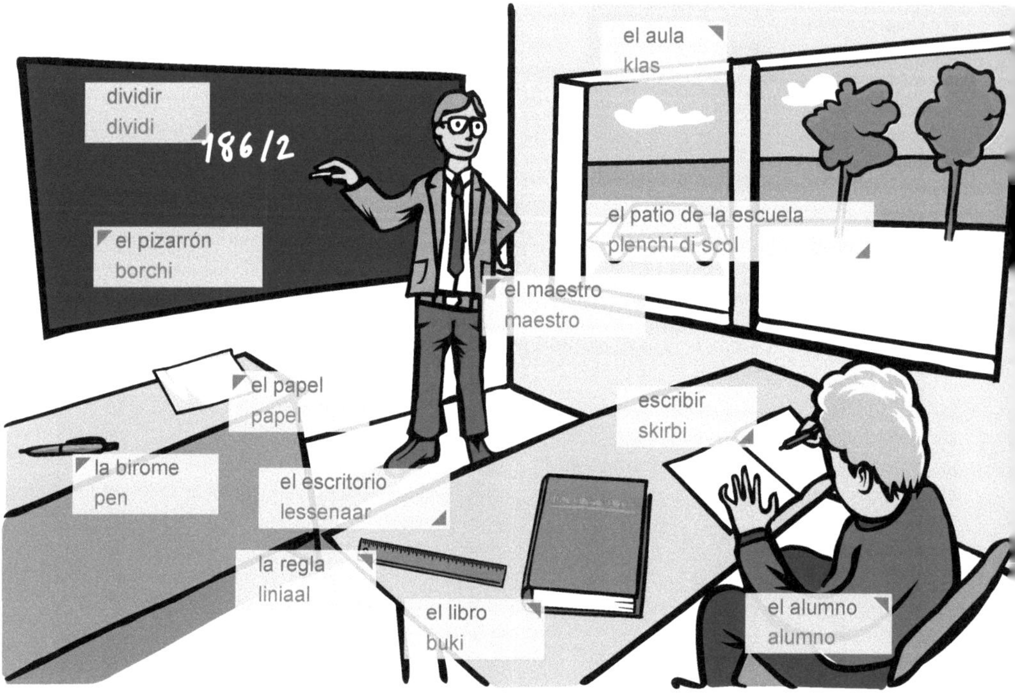
el aula
klas
dividir
dividi
186/2
el pizarrón
borchi
el patio de la escuela
plenchi di scol
el maestro
maestro
el papel
papel
escribir
skirbi
la birome
pen
el escritorio
lessenaar
la regla
liniaal
el libro
buki
el alumno
alumno

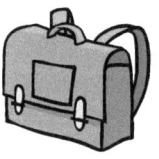

la mochila

tas di scol

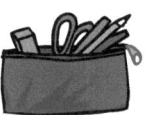

la caja de lápices

etui

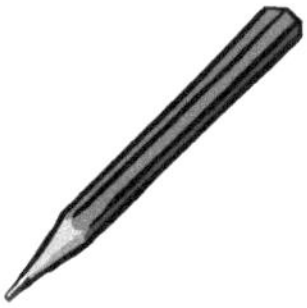

el lápiz

potlood

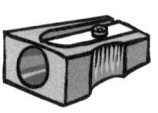

el sacapuntas

slijper

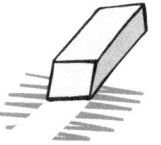

la goma (de borrar)

gum

el bloc de dibujo

buki di pinta

el dibujo

pintura

el pincel

cuashi

la caja de pinturas

caha di verf

la tijera

sker

el pegamento

lijm

el cuaderno de ejercicios

schrift

la tarea

huiswerk

el número

number

sumar

suma

restar

kita

multiplicar

multiplica

calcular

conta

la letra

letter

el abecedario

alfabet

la palabra

palabra

el texto

texto

leer

lesa

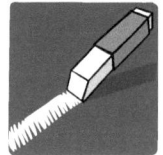

la tiza

krijt

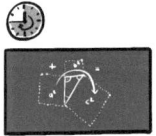

la lección

les

el cuaderno de clase

klassenboek

el examen

examen

el certificado

diploma

el uniforme escolar

uniform di scol

la educación

estudio

la enciclopedia

enciclopedia

la universidad

universidad

el microscopio

microscop

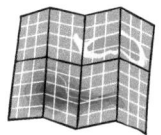

el mapa

mapa

el tacho (de basura)

bari di sushi

el viaje

biahamento

el hotel
hotel
Grand
el hostel
posada
ROOMS
la casa de cambio
oficina di cambio
EXCHANGE
la valija
maleta
el auto
auto

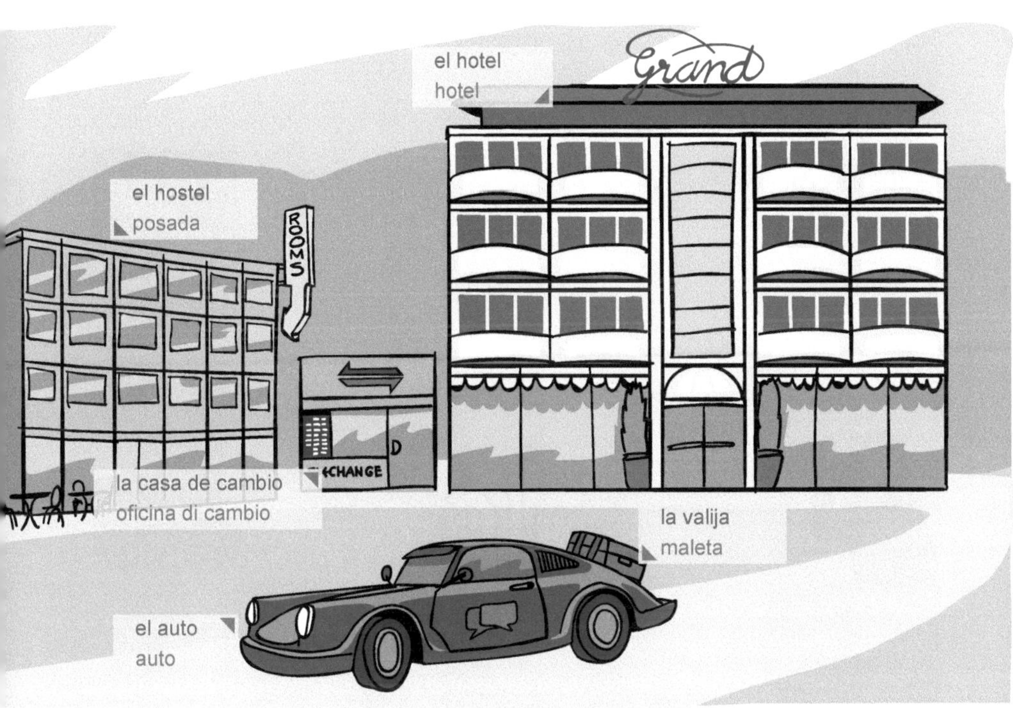

el idioma

idioma

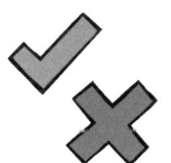

sí / no

si / no

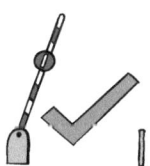

Está bien

bon

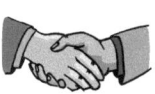

hola

hallo

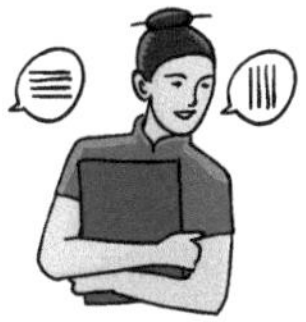

el traductor

tolk

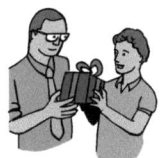

Gracias

masha danki

¿cuánto cuesta...?

Cuanto esaki ta costa?

No entiendo

Mi no ta compronde

el problema

problema

¡Buenas tardes!

bon nochi

¡Buenos días!

Bon dia!

¡Buenas noches!

Bon nochi!

el adiós

ayo

la dirección

direccion

el equipaje

maleta

el bolso

handbag

la mochila

rugtas

el invitado

huesped

la habitación

camber

la bolsa de dormir

slaapzak

la carpa

tent

la información turística

informacion pa turista

la playa

lama

la tarjeta de crédito

credit card

el desayuno

desayuno

el almuerzo

cuminda di merdia

la cena

cuminda di anochi

el pasaje

carchi

el ascensor

cabe'i boto

el sello

stampia

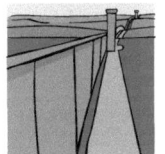

la frontera

grens

la aduana

duana

la embajada

embahada

la visa

visa

el pasaporte

paspoort

el transporte
transport

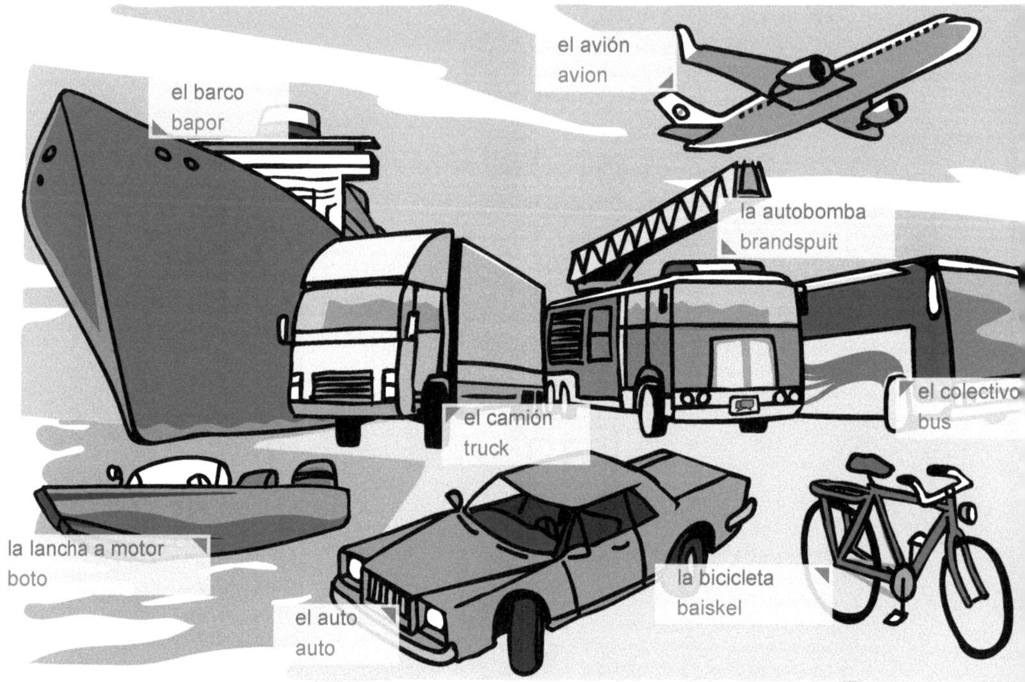

el avión
avion
el barco
bapor
la autobomba
brandspuit
el colectivo
bus
el camión
truck
la lancha a motor
boto
la bicicleta
baiskel
el auto
auto

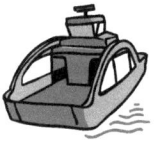

el ferry

ferry

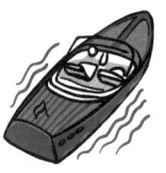

el bote

boto

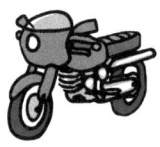

la moto

brommer

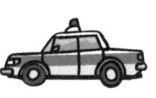

el patrullero

auto di polis

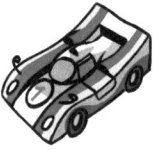

el auto de carreras

auto di careda

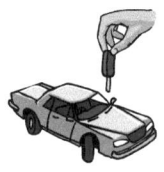

el auto de alquiler

auto di huur

el alquiler de autos

car sharing

la grúa

takelwagen

el camión de la basura

dump truck

el motor

motor

la nafta

gasolin

la estación de servicio

pomp di gasolin

la señal de tránsito

borchi di trafico

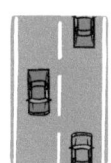

el tránsito

trafico

el embotellamiento

fila

el estacionamicnto

parkeerplaats

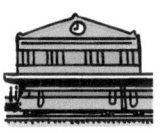

la estación de tren

stacion di trein

las vías

riel

el tren

trein

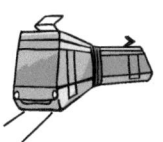

el tranvía

tram

el vagón

wagon

el helicóptero

helicopter

el aeropuerto

aeropuerto

la torre

toren

el pasajero

pasahero

el contenedor

container

la caja de cartón

caha di carton

la carretilla

garoshi

la canasta

macutu

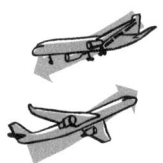

despegar / aterrizar

lanta / baha

la ciudad
ciudad

el pueblo

pueblo

el centro de la ciudad

centro di ciudad

la casa

cas

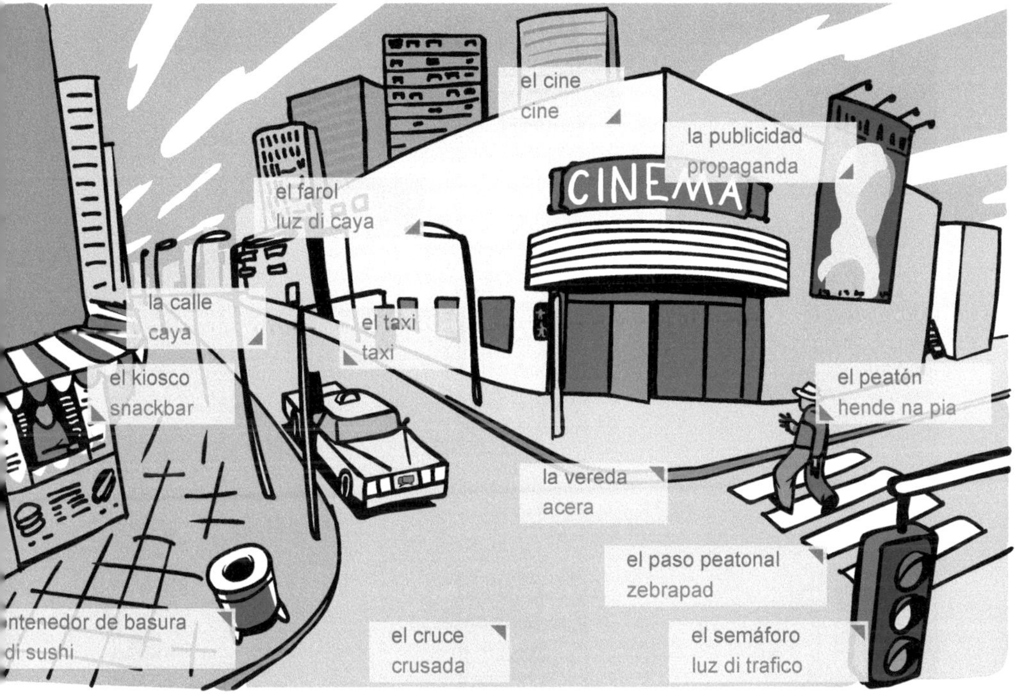

el cine
cine

la publicidad
propaganda

el farol
luz di caya

la calle
caya

el taxi
taxi

el kiosco
snackbar

el peatón
hende na pia

la vereda
acera

el paso peatonal
zebrapad

ntenedor de basura
di sushi

el cruce
crusada

el semáforo
luz di trafico

la cabaña
hut

el departamento
flat

la estación de tren
stacion di trein

la municipalidad
stadhuis

el museo
museo

el colegio
scol

la universidad

universidad

el banco

banco

el hospital

hospital

el hotel

hotel

la farmacia

botica

la oficina

oficina

la librería

boekhandel

el negocio

tienda

la florería

floresteria

el supermercado

supermarket

el mercado

mercado

las grandes tiendas

department store

la pescadería

bendedo di pisca

el centro comercial

shopping center

el puerto

haf

el parque
park

el banco
banki

el puente
brug

las escaleras
trapi

el subte
metro

el túnel
tunnel

la parada del colectivo
parada di bus

el bar
bar

el restaurante
restaurant

el buzón
postbox

el letrero
borchi di nomber di caya

el parquímetro
parkeermeter

el zoológico
parke di bestia

la pileta
piscina

la mezquita
moskee

la granja

cunucu

la contaminación

polucion

el cementerio

santana

la iglesia

misa

los juegos infantiles

speelplaats

el templo

tempel

el paisaje
paisahe

la hoja
blachi

el poste indicador
borchi di direccion

el camino
caminda

la pradera
sabana

la piedra
piedra

el excursionista
keirodo

el árbol
palo

el río
riu

la hierba
yerba

la flor
flor

el valle
vallei

la montaña
sero

el lago
lago

el bosque
mondi

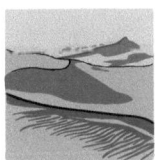

el desierto
desierto

el volcán
volcan

el castillo
kasteel

el arco iris
arco iris

el champiñón
paddenstoel

la palmora
palma

el mosquito
sangura

la mosca
musca

la hormiga
vruminga

la abeja
bij

la araña
haraña

el escarabajo

tor

la rana

dori

la ardilla

eekhoorn

el erizo

porcospina

la liebre

coneu

la lechuza

shoco

el pájaro

parha

el cisne

zwaan

el jabalí

porco di mondi

el ciervo

bina

el alce

eland

la presa

dam

el aerogenerador

molina di biento

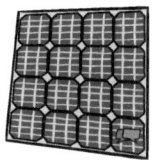

el panel solar

panel solar

el clima

clima

el restaurante
restaurant

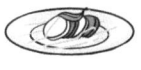

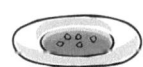

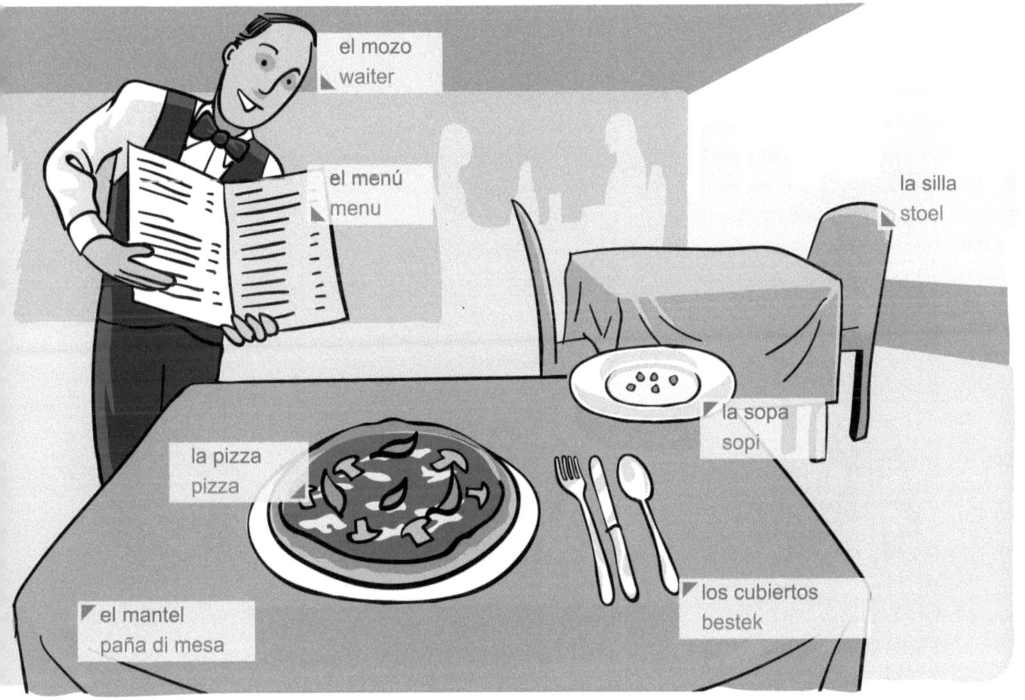
el mozo
waiter
el menú
menu
la silla
stoel
la sopa
sopi
la pizza
pizza
los cubiertos
bestek
el mantel
paña di mesa

la entrada
aperitivo

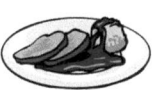

el plato principal
cuminda principal

el postre
dessert

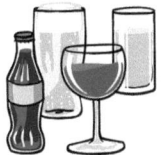

las bebidas
bebida

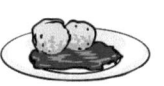

la comida
cuminda

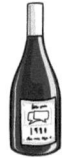

la botella
boter

la comida rápida

fastfood

la comida callejera

streetfood

la tetera

canica di te

la azucarera

pochi di sucu

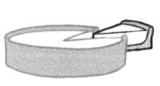

la porción

porcion

la cafetera expreso

espressomachine

la sillita alta

stoel di mucha

la cuenta

cuenta

la bandeja

hasechi

el cuchillo

cuchiu

el tenedor

forki

la cuchara

cuchara

la cucharita

telep

la servilleta

napkin

el vaso

glas

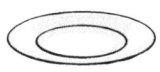

el plato

tayo

el plato hondo

tayo di sopi

el plato

scoter

la salsa

saus

el salero

pochi di salo

el molinillo de pimienta

mulina di peper

el vinagre

binager

el aceite

azeta

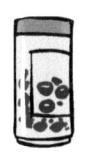

las especias

specerij

el kétchup

ketchup

la mostaza

mosterd

la mayonesa

mayonaise

el supermercado
supermarket

la oferta especial
oferta special
FOR
el cliente
cliente
los lácteos
producto lacteo
la fruta
fruta
el changuito
garoshi di compra

BUTCHERS

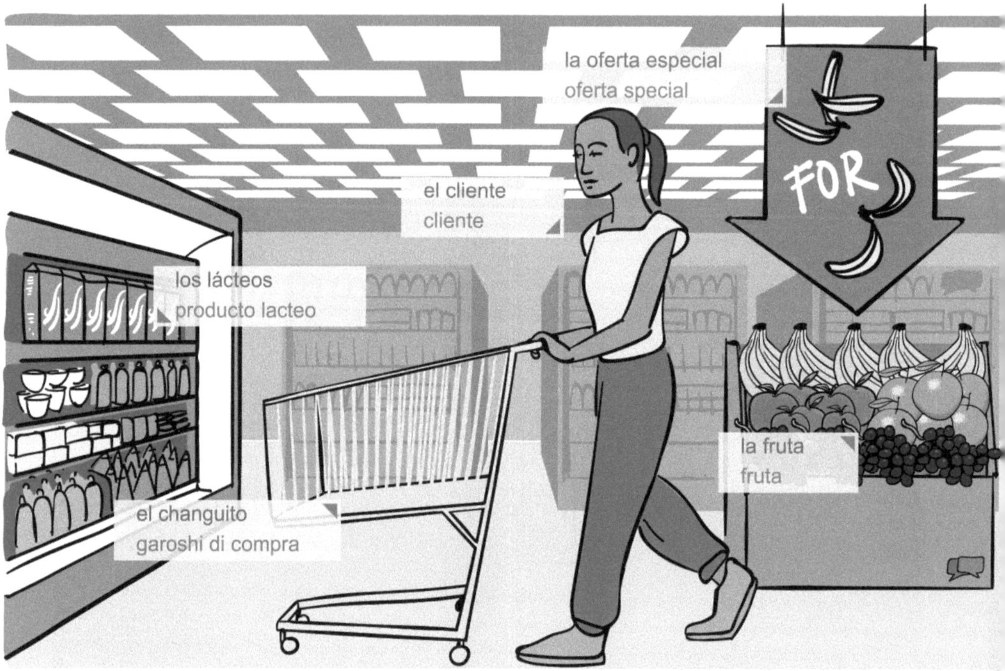

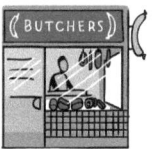

la carnicería

carniceria

BAKERY

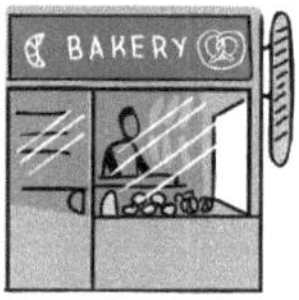

la panadería

panaderia

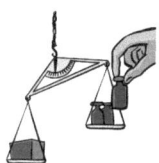

pesar

pisa

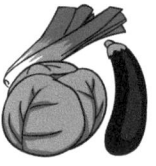

las verduras

berdura

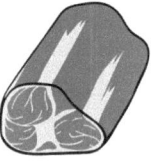

la carne

carni

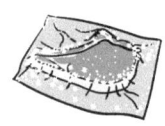

los alimentos congelados

frozen food

los fiambres

beleg di carni

los alimentos enlatados

cuminda di bleki

el detergente en polvo

detergente na puiro

las golosinas

mangel

los electrodomésticos

producto pa cas

los productos de limpieza

articulo di limpiesa

la vendedora

bendedo

la caja

cahero

el cajero

cahero

la lista de compras

lista di compra

el horario de atención

orario

la billetera

cartera

la tarjeta de crédito

credit card

la cartera

tas

la bolsa de plástico

saco di plastic

las bebidas
bebida

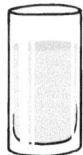

el agua

awa

el jugo

juice

la leche

lechi

la bebida cola

cola

el vino

biña

la cerveza

cerbes

el alcohol

alcohol

el cacao

chocomel

el té

te

el café

koffie

el café expreso

espresso

el cappuccino

cappuccino

la banana

bacoba

la manzana

appel

la naranja

apelsina

el melón

milon

el limón

lamunchi

la zanahoria

wortel

el ajo

conoflok

el bambú

bambu

la cebolla

siboyo

el champiñón

mushroom

las nueces

noot

los fideos

pasta

los tallarines

spaghetti

el arroz

aros

la ensalada

salada

las papas fritas

batata hasa

las papas fritas

batata hasa

la pizza

pizza

la hamburguesa

hamburger

el sándwich

sandwich

el churrasco

cutlet

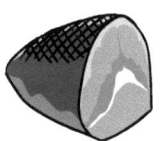

el jamón

ham

el salame

salami

la salchicha

soseishi

el pollo

galiña

el asado

hasa

el pescado

pisca

los copos de avena
papa

el muesli
müsli

los copos de maíz
cornflakes

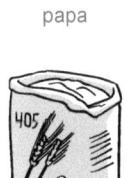

la harina
hariña

la medialuna
croissant

el pancito
pan rondo

el pan
pan

la tostada
toast

las galletitas
cuki

la manteca
manteca

la cuajada
kwark

la torta
bolo

el huevo
webo

el huevo frito
webo hasa

el queso
keshi

la comida - cuminda

el helado

ijscream

el azúcar

sucu

la miel

honing

la mermelada

jam

la pasta de chocolate

pasta di chuculati

el curry

curry

la comida - cuminda

la granja
cunucu

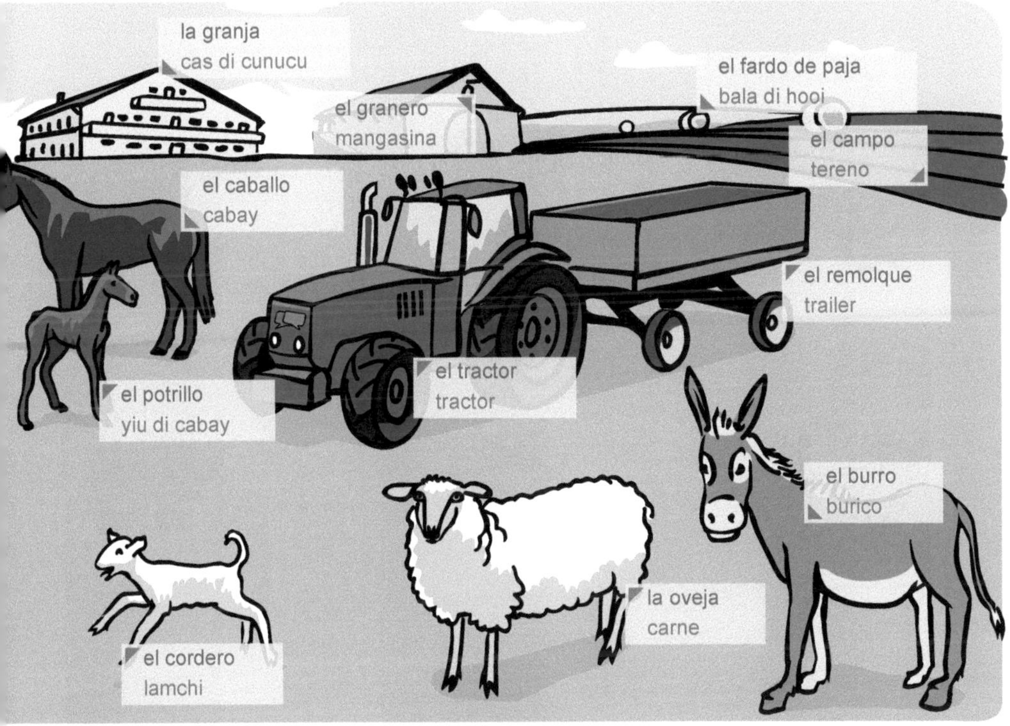

la granja
cas di cunucu
el granero
mangasina
el fardo de paja
bala di hooi
el campo
tereno
el caballo
cabay
el remolque
trailer
el tractor
tractor
el potrillo
yiu di cabay
el burro
burico
la oveja
carne
el cordero
lamchi

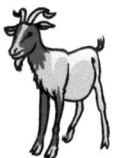

la cabra

cabrito

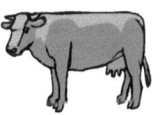

la vaca

baca

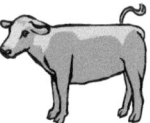

el ternero

bishe

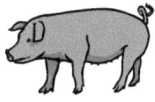

el cerdo

porco

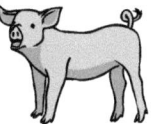

el lechón

yiu di porco

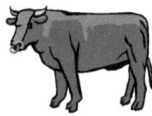

el toro

toro

el ganso
gans

el pato
pato

el pollo
puyito

la gallina
galiña

el gallo
gay

la rata
djaca

el gato
pushi

el ratón
raton

el buey
toro

el perro
cacho

la cucha
cas di cacho

la manguera
slang pa muha mata

la regadera
gieter

la guadaña
herment pa corta yerbe

el arado
ploeg

la hoz

garabati

la azada

chapi

la horquilla

forki pa coy hooi

el hacha

hacha

la carretilla

garetia

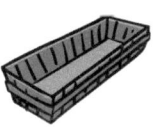

el abrevadero

pesebre

la lechera

canica di lechi

la bolsa

saco

la reja

heki

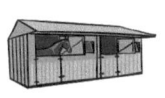

el establo

stal

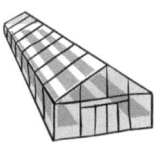

el invernadero

greenhouse

el suelo

suela

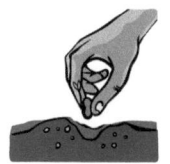

la semilla

simia

el fertilizador

mest

la cosechadora

mashin di cosecha

cosechar

cosecha

la cosecha

cosecha

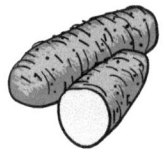

las batatas

yams

el trigo

trigo

la soja

soya

la papa

batata

el maíz

maishi

la semilla de colza

canola

el árbol frutal

palo di fruta

la mandioca

yuca

los cereales

grano

la casa
cas

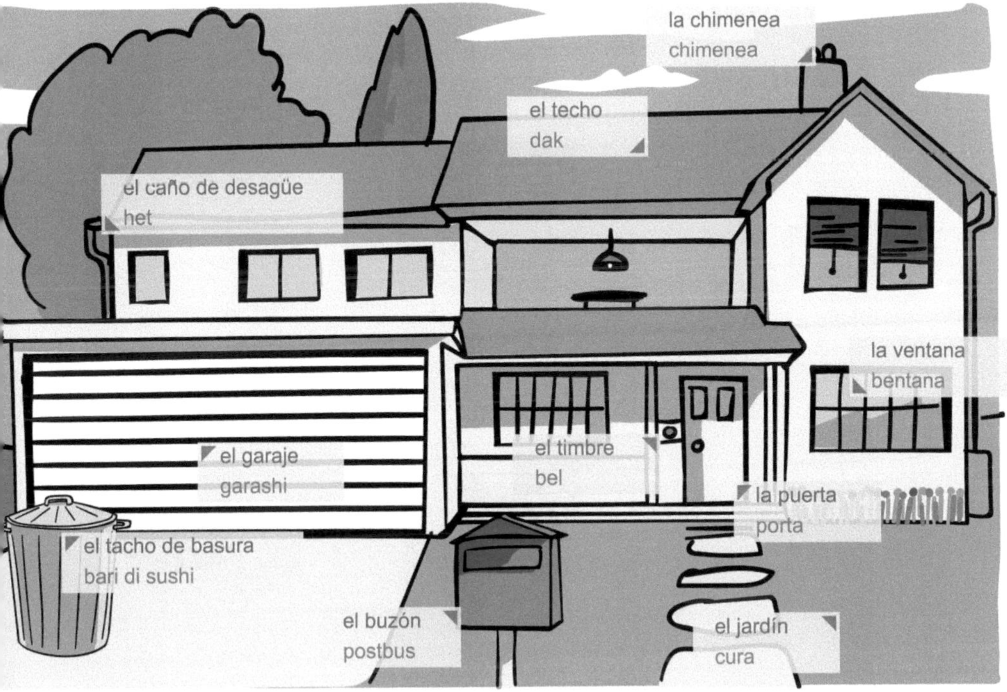
la chimenea
chimenea
el techo
dak
el caño de desagüe
het
la ventana
bentana
el timbre
bel
el garaje
garashi
la puerta
porta
el tacho de basura
bari di sushi
el buzón
postbus
el jardín
cura

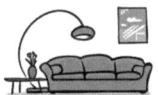

el living

sala

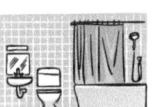

el baño

baño

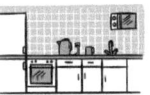

la cocina

cushina

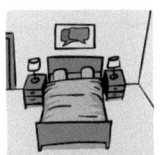

el dormitorio

camber

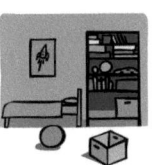

el cuarto de los chicos

camber di mucha

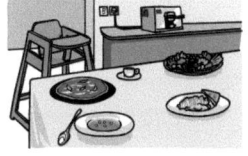

el comedor

comedo

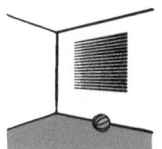

el piso

suela

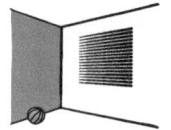

la pared

muraya

el cielorraso

blafon

el sótano

bodega

el sauna

sauna

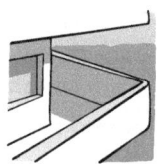

el balcón

balcon

la terraza

terasa

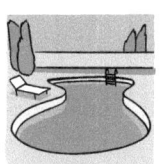

la pileta

piscina

la cortadora de pasto

mashin di corta yerba

la sábana

laken

el acolchado

bedsprei

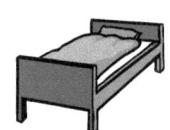

la cama

cama

la escoba

basora

el balde

hemchi

el interruptor

switch

el living
sala

el empapelado
papel pa papela
la imagen
potret
la lámpara
lampi
el estante
reki
el armario
cashi
la televisión
television
la chimenea
fogon
la flor
flor
el almohadón
cusinchi
el sofá
sofa
el florero
vaas
el control remoto
remote control

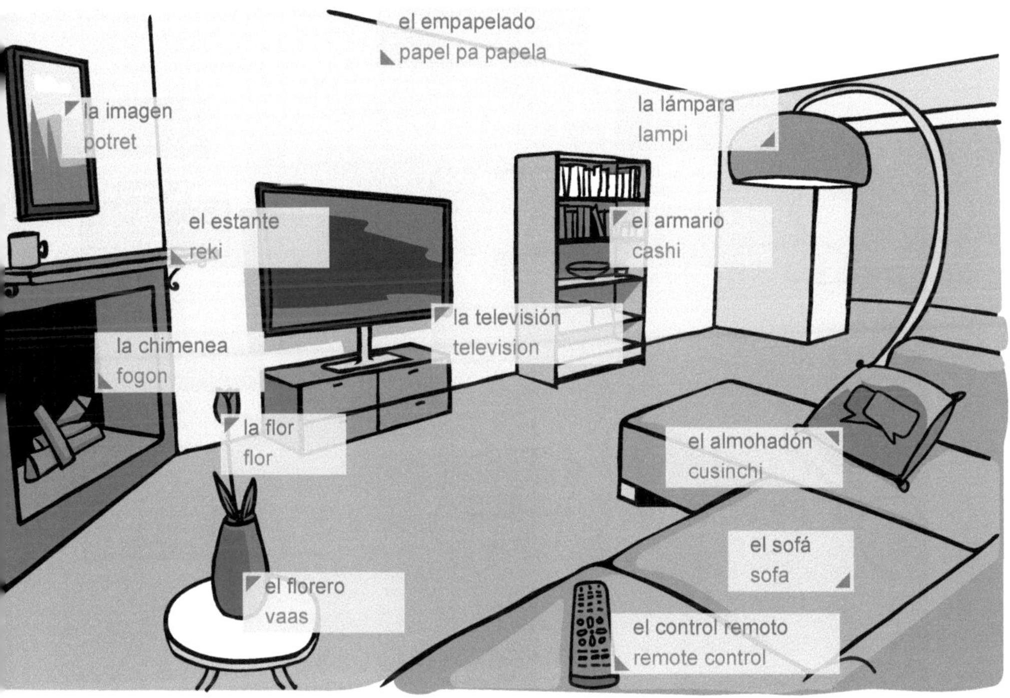

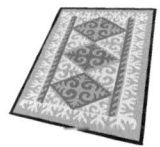

la alfombra

tapijt

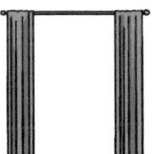

la cortina

cortina

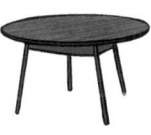

la mesa

mesa

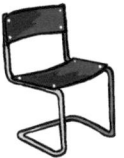

la silla

stoel

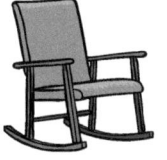

la mecedora

stoel di zoya

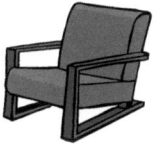

el sillón

stoel

el libro

buki

la frazada

dekel

la decoración

decoracion

la leña

palo pa kima

la película

film

el equipo de música

stereoset

la llave

yabi

el diario

corant

la pintura

cuadra

el póster

poster

la radio

radio

el cuaderno

blocnote

la aspiradora

stofzuiger

el cactus

cadushi

la vela

bela

la cocina
cushina

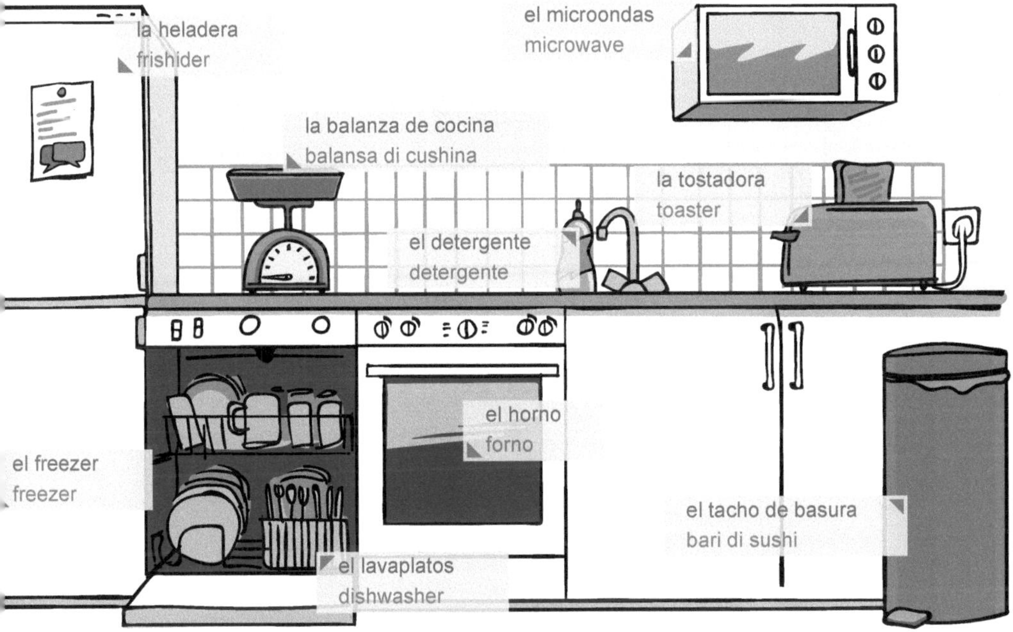

la heladera
frishider
el microondas
microwave
la balanza de cocina
balansa di cushina
la tostadora
toaster
el detergente
detergente
el horno
forno
el freezer
freezer
el tacho de basura
bari di sushi
el lavaplatos
dishwasher

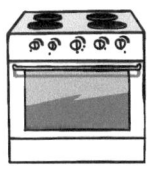

la cocina

stoof

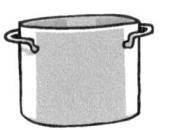

la olla

wea

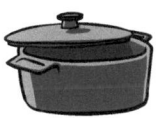

la olla de hierro fundido

wea di hero

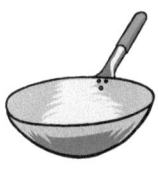

el wok

wok

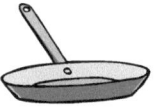

la sartén

planchi

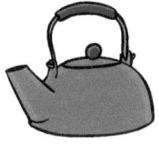

la pava

ketel

la vaporera

steamer

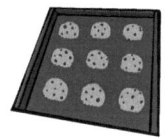

la bandeja de horno

teblachi pa horna

la vajilla

servies

la taza

beker

el bol

conchi

los palitos

chopstick

el cucharón

cuchara di sopi

la espátula

spatula

la batidora

garde

el colador

scurido

el colador

colado

el rallador

raspa

el mortero

fenso

la parrilla

barbecue

la fogata

candela

la tabla de picar

planki pa corta

el palo de amasar

rostok

el sacacorchos

kurkentrek

la lata

bleki

el abrelatas

cos di habri bleki

la manopla

pannenlap

la pileta

wasbak

el cepillo

skeiro

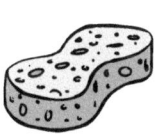

la esponja

spons

la batidora

blender

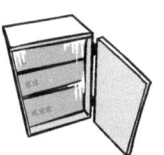

el congelador

freezer

la mamadera

tetero

la canilla

cranchi

el baño

baño

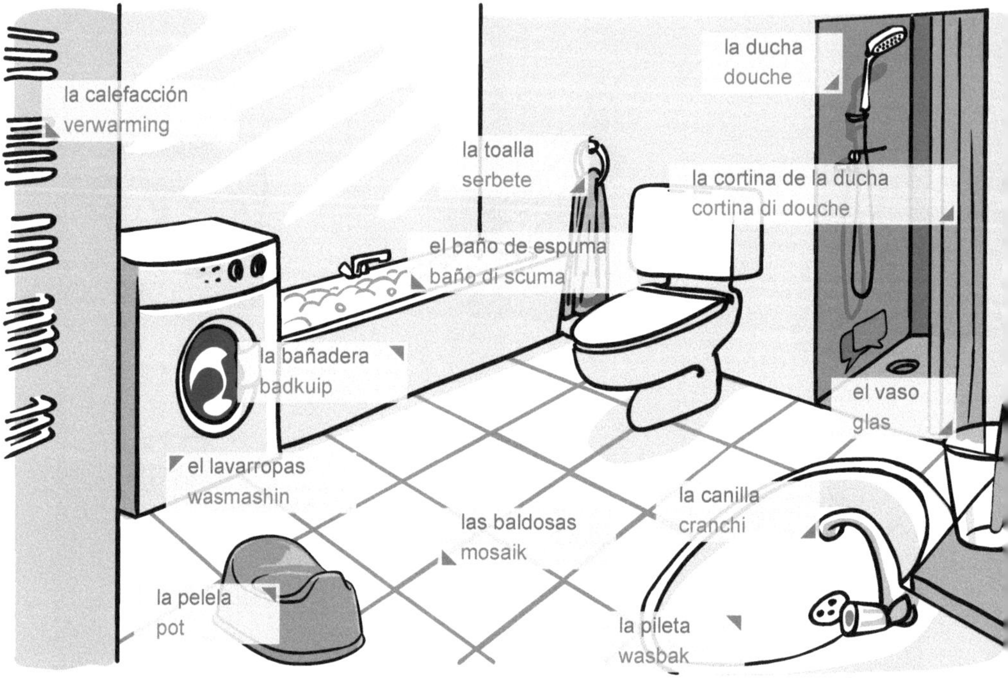
la calefacción
verwarming
la toalla
serbete
la ducha
douche
la cortina de la ducha
cortina di douche
el baño de espuma
baño di scuma
la bañadera
badkuip
el vaso
glas
el lavarropas
wasmashin
la canilla
cranchi
las baldosas
mosaik
la pelela
pot
la pileta
wasbak

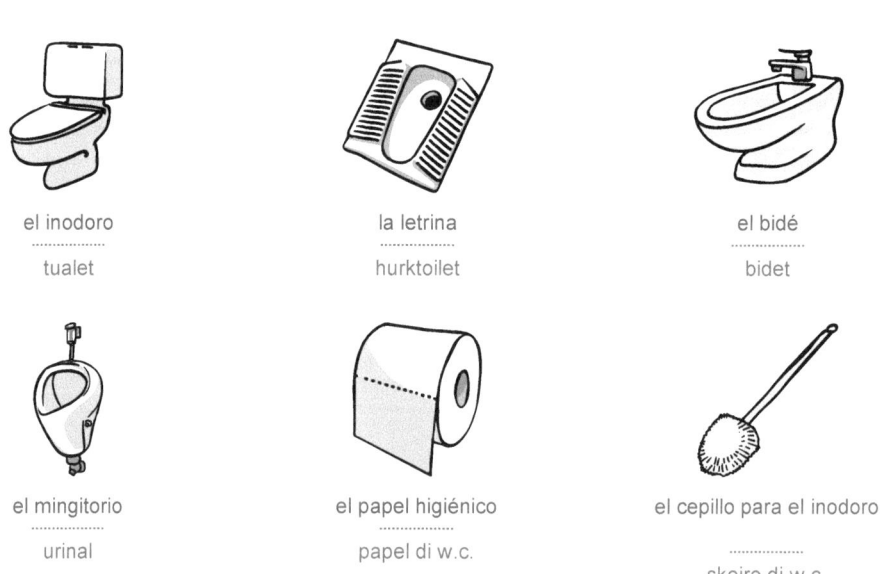

el inodoro

tualet

la letrina

hurktoilet

el bidé

bidet

el mingitorio

urinal

el papel higiénico

papel di w.c.

el cepillo para el inodoro

skeiro di w.c.

el cepillo de dientes

skeiro di djente

el dentífrico

pasta di djente

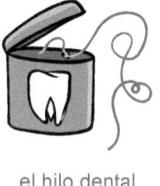

el hilo dental

dental floss

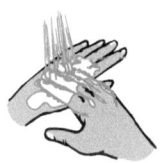

lavar

laba

la ducha de mano

douche di man

la ducha higiénica

bidet

la palangana

tobo

el cepillo para la espalda

skeiro

el jabón

habon

el gel de ducha

shower gel

el shampoo

shampoo

la toallita

washandje

el desagüe

drain

la crema

crema

el desodorante

desodorante

el espejo

spiel

el espejito

spiel di man

la maquinita de afeitar

blet

la espuma de afeitar

shaving foam

el aftershave

aftershave

el peine

peña

el cepillo

skeiro

el secador de pelo

blower

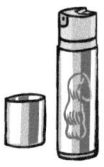

el spray

spray pa cabey

el maquillaje

makeup

el lápiz de labios

lipstick

el esmalte para uñas

cos di pinta huña

el algodón

catuna

la tijera para uñas

sker pa corta huña

el perfume

perfume

el portacosméticos

tas

la banqueta

kruk

la balanza

balansa

la bata

bata

los guantes de goma

handschoen

el tampón

tampon

la toallita femenina

kotex

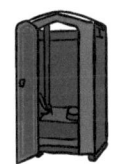

el baño químico

wc kimico

el cuarto de los chicos
camber di mucha

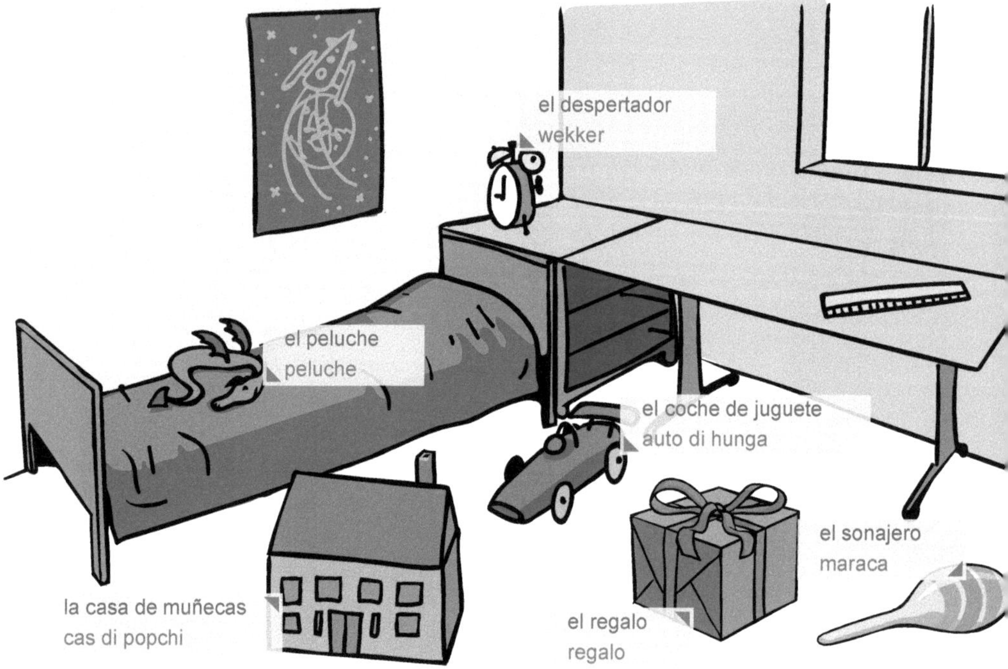
el despertador
wekker
el peluche
peluche
el coche de juguete
auto di hunga
el sonajero
maraca
la casa de muñecas
cas di popchi
el regalo
regalo

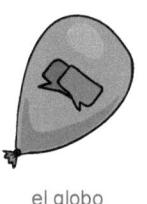

el globo

blaas

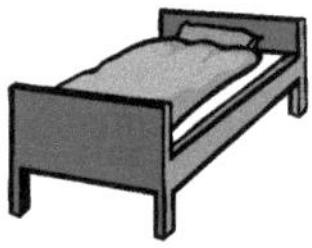

la cama

cama

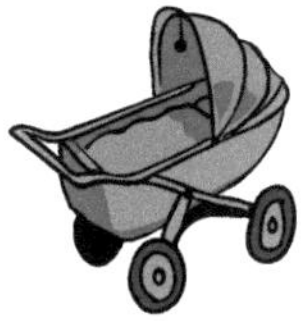

el cochecito

stroller

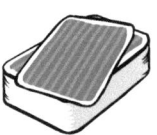

las cartas

baraha di carta

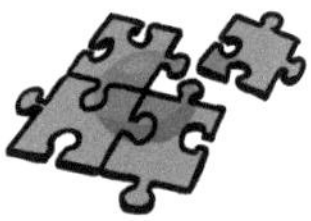

el rompecabezas

puzzel

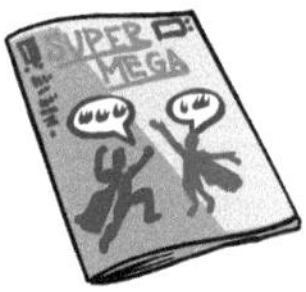
SUPER MEGA

la historieta

comic

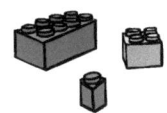

las piezas de lego
....
lego

los ladrillos de juguete
....
bloki di hunga

la figura de acción
....
figura di accion

el enterito (de bebé)
....
romper

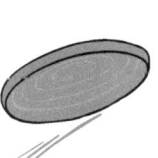

el frisbee
....
frisbee

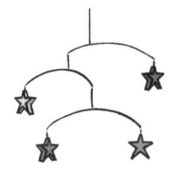

el móvil para bebés
....
mobil

el juego de mesa
....
wega di mesa

los dados
....
dou

el tren eléctrico
....
set di trein

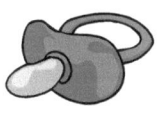

el chupcte
....
chupon

la fiesta
....
fiesta

el libro de cuentos ilustrado
....
buki di prenchi

la pelota
....
bala

la muñeca
....
popchi

jugar
....
hunga

el arenero

zandbak

la hamaca

zoya

los juguetes

cos di hunga

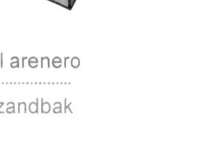

la consola de videojuegos

videogame

el triciclo

tricycle

el osito de peluche

beer

el armario

cashi di paña

la ropa

paña

las medias

mea

las medias panty

mea

las calzas

pantyhose

la bufanda
sjaal

el cinturón
faha

el paraguas
paraplu

la remera
T-shirt

las botas
boots

las pantuflas
slof

las zapatillas
keds

las sandalias
sandalia

los zapatos
sapato

las botas de goma
laars di rubber

la ropa interior
carsonsio

el corpiño
bh

el chaleco
flanel

el body
body

los pantalones
carson

los jeans
jeans

la pollera
saya

la blusa
blusa

la camisa
camisa

el pulóver
sweater

el buzo
sweater

el blazer
blazer

la campera
jacket

el tapado
jas

el piloto
regenjas

el traje
flus

el vestido
shimis

el vestido de novia
shimis di bruid

el traje

flus

el camisón

yapon

el pijama

pidjama

el sari

sari

el pañuelo para la cabeza

lenso di cabes

el turbante

turban

la burka

burqa

el caftán

kaftan

la abaya

abaya

el traje de baño

zwempak

el short de baño

zwembroek

los shorts

carson cortico

el jogging

trainingspak

el delantal

lantera

los guantes

handschoen

la ropa - paña

el botón

boton

los anteojos

bril

la pulsera

armband

el collar

cadena

el anillo

renchi

el aro

renchi di horea

la gorra

pechi

la percha

kapstok

el sombrero

sombre

la corbata

dashi

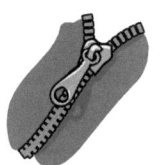

el cierre

ziper

el casco

helm

los tiradores

guiel

el uniforme escolar

uniform di scol

el uniforme

uniform

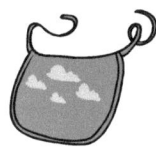

el babero

babado

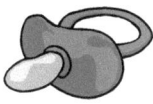

el chupete

chupon

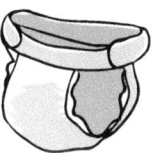

el pañal

bruki

la oficina
oficina

el servidor
server
el archivero
filekast
la impresora
printer
el papel
papel
el monitor
pantaya
el mouse
mouse
el escritorio
lessenaar
la carpeta
map
el teclado
keyboard
la silla
stoel
el tacho (de basura)
bari di sushi
la computadora
computer

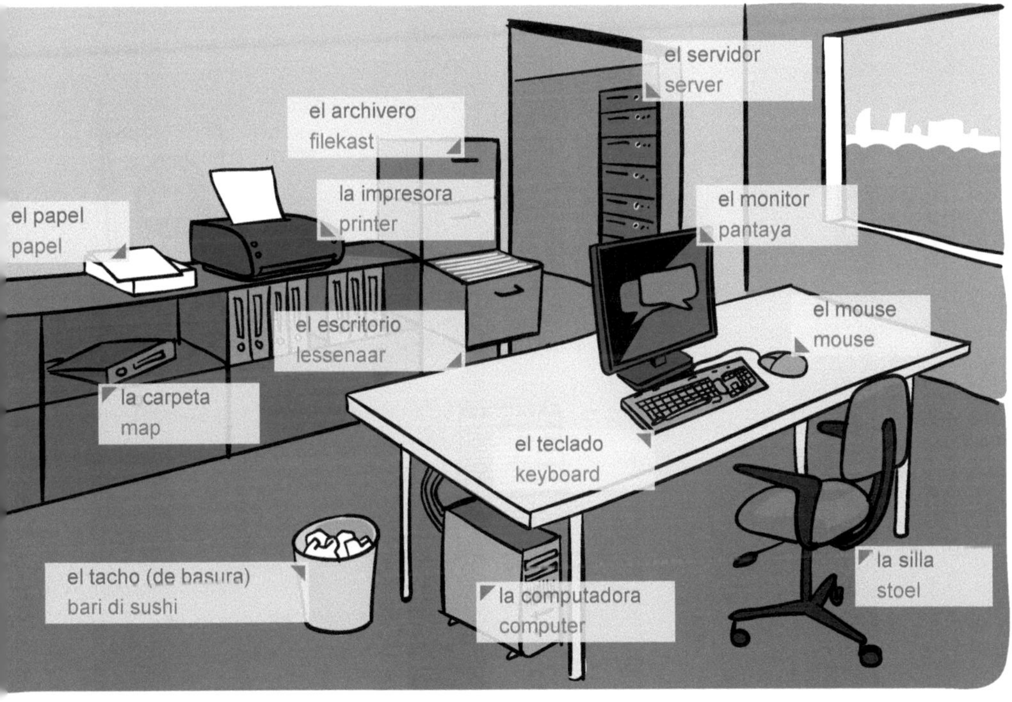

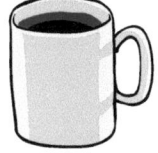

la taza de café

copi pa bebe koffie

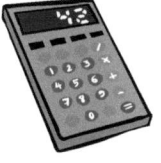

la calculadora

calculator

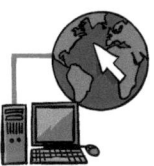

el internet

internet

la laptop

laptop

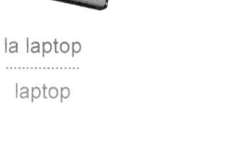

la carta

carta

el mensaje

mensahe

el celular

celular

la red

red

la fotocopiadora

mashin di copia

el software

software

el teléfono

telefon

el tomacorriente

stopcontact

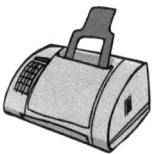

el fax

fax mashin

el formulario

formulario

el documento

documento

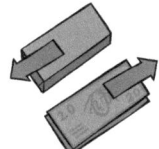

comprar
cumpra

pagar
paga

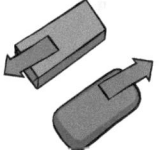

hacer negocios
negosha

el dinero
placa

el dólar
dollar

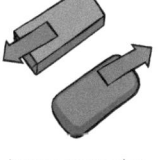

el euro
euro

el yen
yen

el rublo
roebel

el franco suizo
frank suiso

el yuan
yuan renminbi

la rupia
roepi

el cajero automático
bancomatico

la casa de cambio

oficina di cambio

el oro

oro

la plata

plata

el petróleo

azeta

la energía

energia

el precio

prijs

el contrato

contract

el impuesto

impuesto

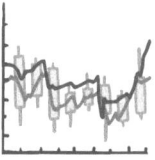

la acción

share

trabajar

traha

el empleado

empleado

el empleador

dunado di trabou

la fábrica

fabrica

el negocio

tienda

las ocupaciones
ofishi / profesion

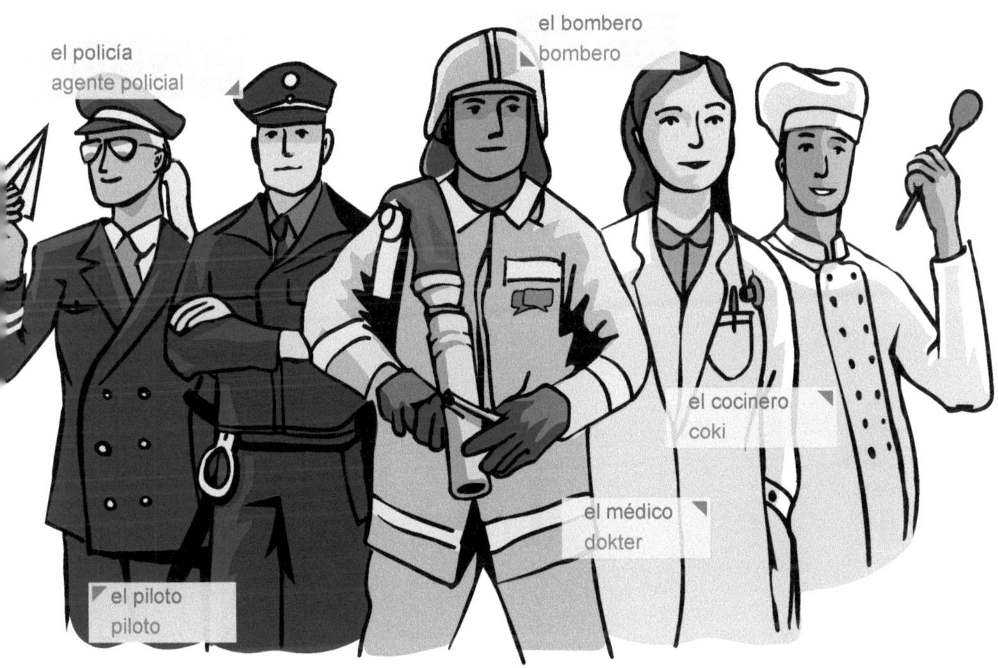
el bombero
bombero
el policía
agente policial
el cocinero
coki
el médico
dokter
el piloto
piloto

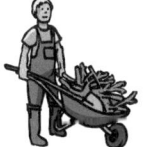

el jardinero

hardinero

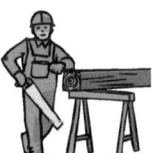

el carpintero

carpinte

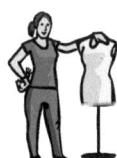

la modista

cosedo

el juez

hues

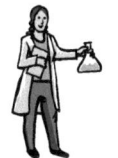

el farmacéutico

kimico

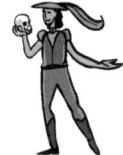

el actor

actor

el colectivero

chauffeur di bus

el taxista

chauffeur di taxi

el pescador

piscado

la mucama

hende cu ta haci cas limpi

el techista

drechado di dak

el mozo

waiter

el cazador

jaagdo

el pintor

verfdo

el panadero

panadero

el electricista

electricista

el albañil

trahado den construccion

el ingeniero

ingeniero

el carnicero

carnicero

el plomero

loodgieter

el cartero

partido di carta

el soldado

solda

el arquitecto

arkitecto

el cajero

cahero

el florista

florista

el peluquero

pelukero / pelukera

el cobrador

controlado di ticket

el mecánico

mecanico

el capitán

capitan

el dentista

dentista

el científioo

científico

el rabino

rabbi

el imán

imam

el monje

monk

el sacerdote

pastor

las herramientas
herment

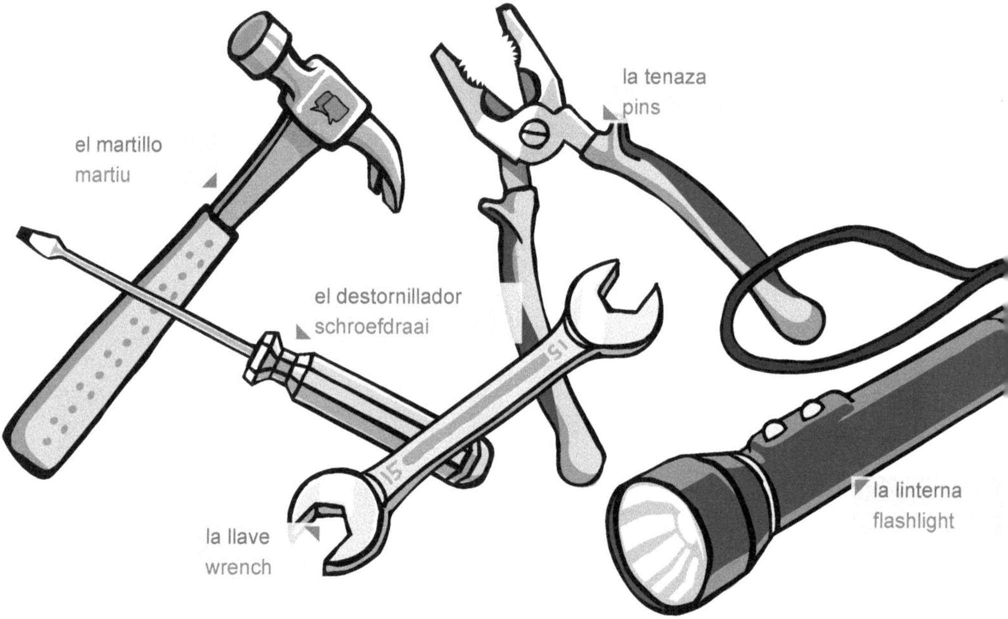
el martillo
martiu
la tenaza
pins
el destornillador
schroefdraai
la llave
wrench
la linterna
flashlight

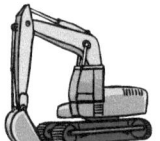

la excavadora

bulldozer

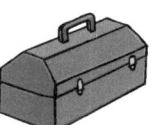

la caja de herramientas

caha di herment

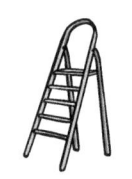

la escalera portátil

trapi

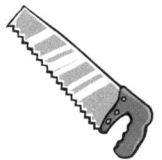

la sierra

zaag

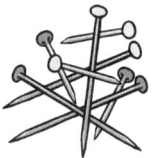

los clavos

clabo

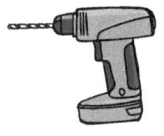

el taladro

boormashin

arreglar
drecha

la pala de jardín
shobel

¡Qué bronca!
caraho!

la pala de plástico
scop

el tacho de pintura
bleki di verf

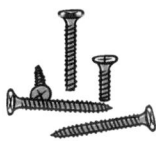

los tornillos
schroef

los instrumentos musicales
instrumento musical

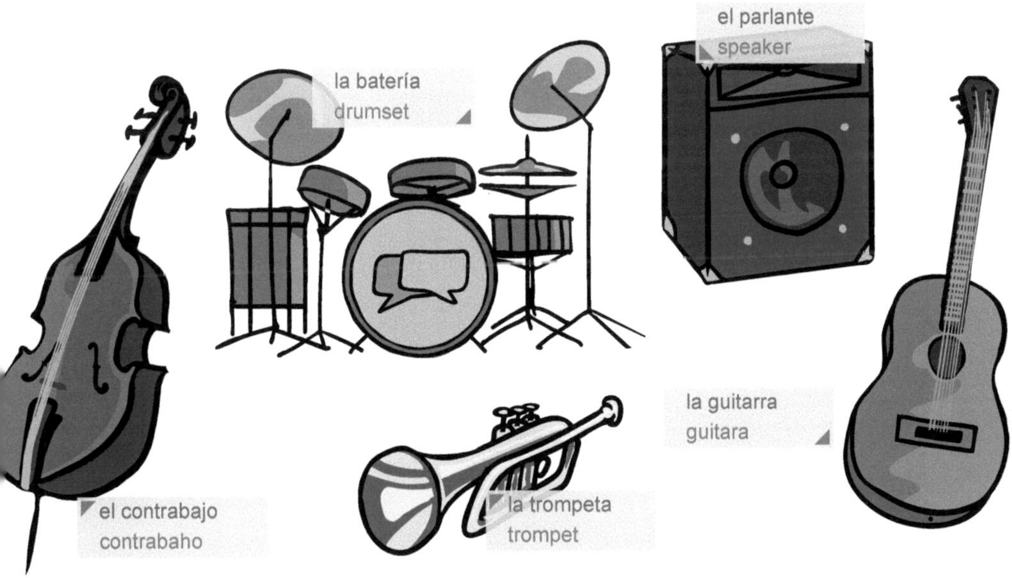

la batería
drumset

el parlante
speaker

el contrabajo
contrabaho

la trompeta
trompet

la guitarra
guitara

el piano

piano

el violín

fio

el bajo

baho

los timbales

timbal

el tambor

tambu

el teclado

keyboard

el saxofón

saxofon

la flauta

fluit

el micrófono

microfon

el zoológico
parke di bestia

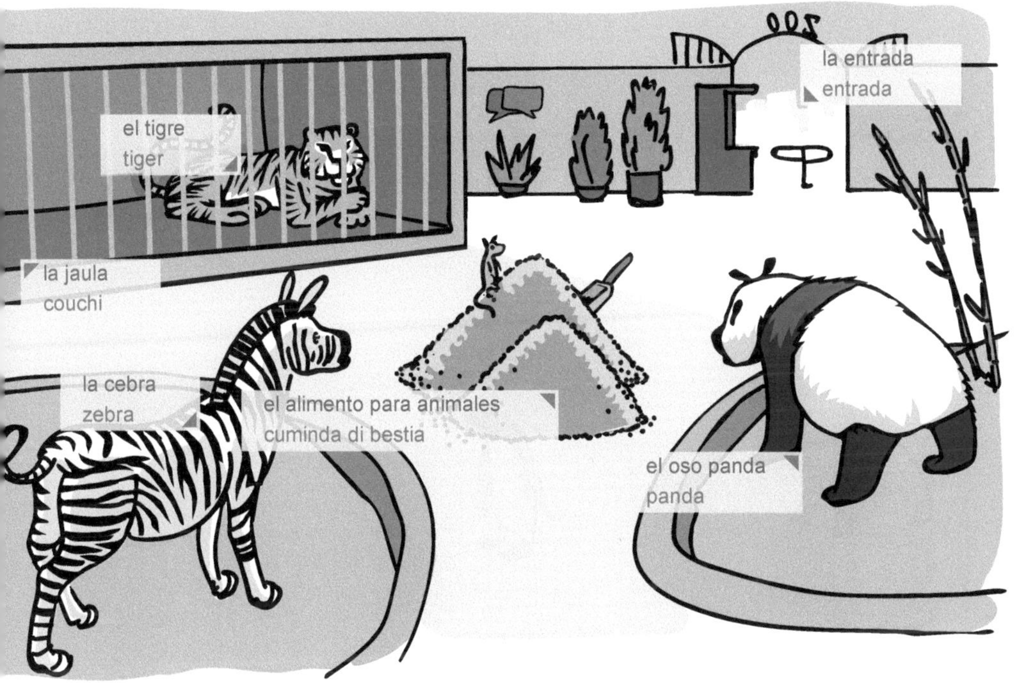

la entrada
entrada
el tigre
tiger
la jaula
couchi
la cebra
zebra
el alimento para animales
cuminda di bestia
el oso panda
panda

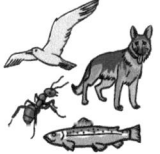

los animales
animal

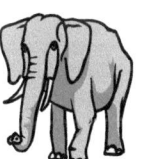

el elefante
olifante

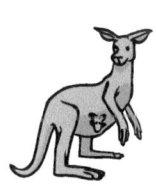

el canguro
cangaru

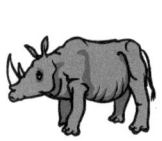

el rinoceronte
neushoorn

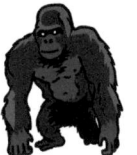

el gorila
gorila

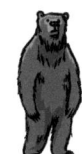

el oso
beer

el camello

camel

el avestruz

avestruz

el león

leon

el mono

macaco

el flamenco

flamingo

el loro

lora

el oso polar

beer polar

el pingüino

pinguin

el tiburón

tribon

el pavo real

pauwies

la serpiente

colebra

el cocodrilo

caiman

el cuidador del zoológico

cuidado di bestia

la foca

cacho di awa

el jaguar

jaguar

el poni
pony

el leopardo
leopardo

el hipopótamo
hipopotamo

la jirafa
giraf

el águila
aguila

el jabalí
porco di mondi

el pescado
pisca

la tortuga
turtuga

la morsa
walrus

el zorro
vos

la gacela
gazelle

el fútbol americano
futbol Americano

el ciclismo
ciclismo

el tenis
tennis

el básquet
basketball

la natación
landamento

el boxeo
boxeo

el hockey sobre hielo
ice hockey

el fútbol
futbol

el bádminton
badminton

el atletismo
atletismo

el handball
handbal

el esquí
ski

el polo
polo

reír
hari

saltar
bula

abrazar
brasa

caminar
cana

cantar
canta

soñar
soña

rezar
resa

besar
sunchi

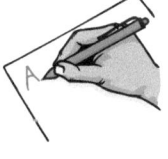

escribir

skirbi

dibujar

pinta

mostrar

mustra

presionar

primi

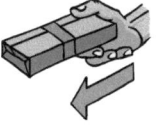

dar

duna

tomar

coy

tener
tin

hacer
haci

ser
ta

estar parado
para

correr
core

tirar
ranca

tirar
tira

caer
cay

estar acostado
drumi

esperar
warda

llevar
carga

estar sentado
sinta

vestirse
bisti

dormir
drumi

despertar
lanta fo'i soño

mirar

mira

llorar

yora

acariciar

caricia

peinar

peña

hablar

papia

entender

compronde

preguntar

puntra

escuchar

scucha

beber

bebe

comer

come

ordenar

ruim op

amar

stima

cocinar

cushna

manejar

bai

volar

bula

navegar

zeilo

calcular

conta

leer

lesa

aprender

siña

trabajar

traha

casarse

casa

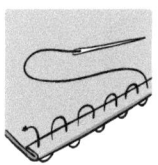

coser

cose

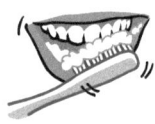

cepillarse los dientes

skeiro djente

matar

mata

fumar

huma

enviar

manda

la familia

famia

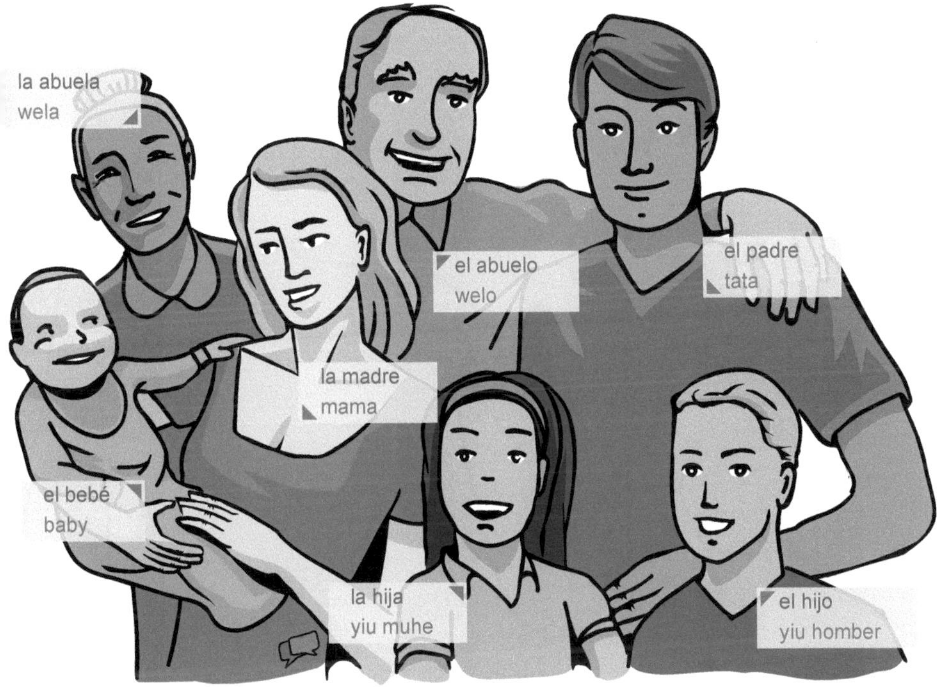

la abuela
wela
el abuelo
welo
el padre
tata
la madre
mama
el bebé
baby
la hija
yiu muhe
el hijo
yiu homber

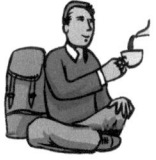

el invitado

huesped

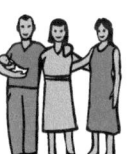

la tía

tanta

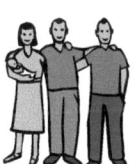

el tío

omo

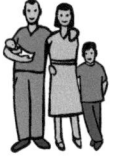

el hermano

ruman homber

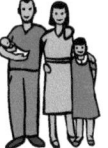

la hermana

ruman muhe

el cuerpo

curpa

la frente
frenta
el ojo
wowo
el hombro
schouder
el dedo
dede
la cara
cara
la pera
cachete
la mano
man
la pierna
pia
el pecho
pecho
el brazo
brasa

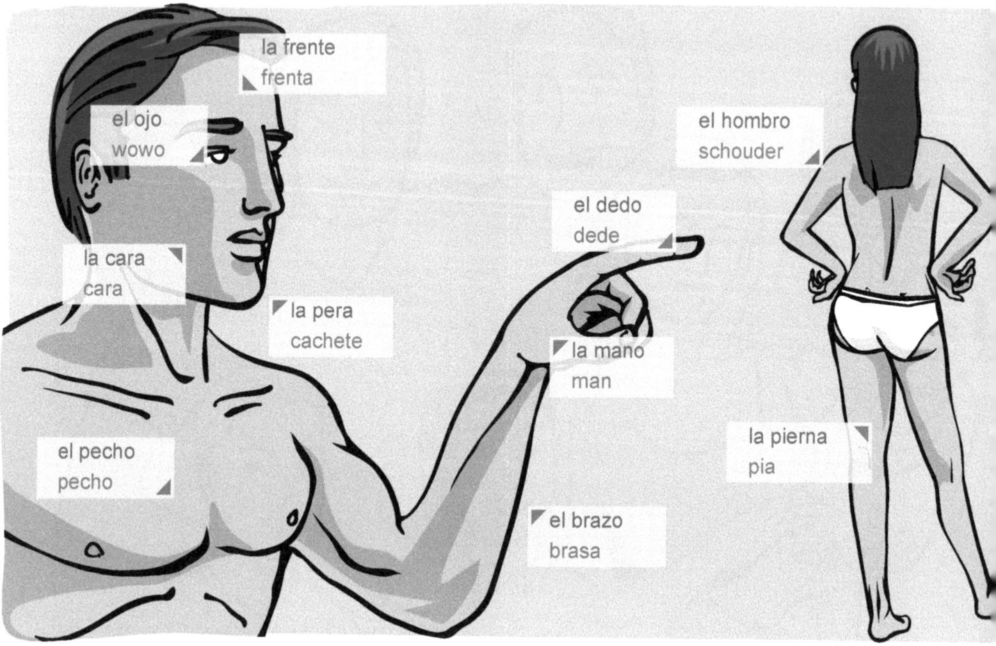

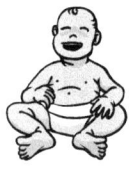

el bebé

baby

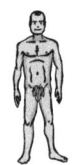

el hombre

homber

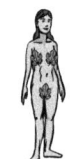

la mujer

muhe

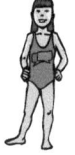

la nena

mucha muhe

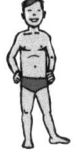

el nene

mucha homber

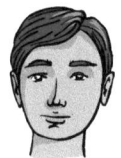

la cabeza

cabes

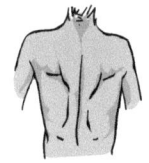

la espalda

lomba

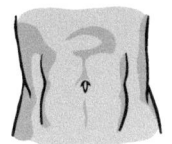

la panza

bariga

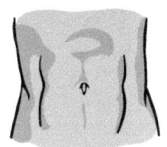

el ombligo

lombrishi

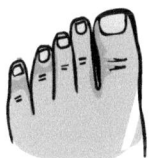

el dedo del pie

dede di pia

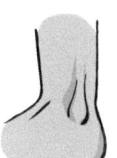

el talón

hilchi

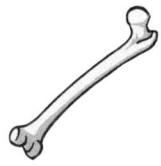

el hueso

weso

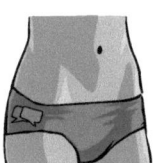

la cadera

heup

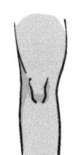

la rodilla

rudia

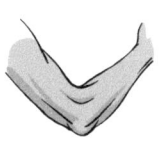

el codo

elleboog

la nariz

nanishi

la cola

chanchan

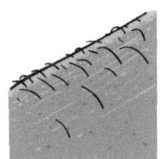

la piel

cuero

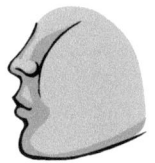

el cachete

wang

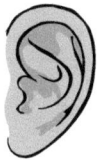

la oreja

horea

el labio

lip

la boca
boca

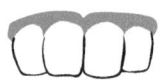

el diente
djente

la lengua
lenga

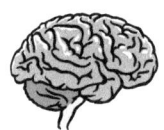

el cerebro
celebro

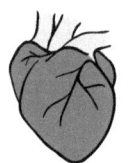

el corazón
curason

el músculo
musculo

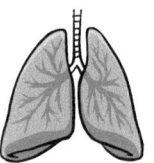

el pulmón
pulmon

el hígado
higra

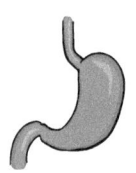

el estómago
stoma

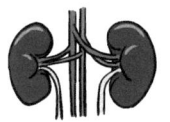

los riñones
nier

el sexo
sex

el preservativo
condon

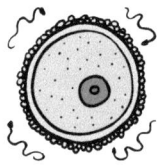

el óvulo
ovulo

el semen
sperma

el embarazo
embaraso

el cuerpo - curpa

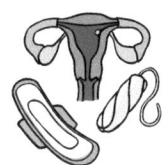

la menstruación

menstruacion

la vagina

vagina

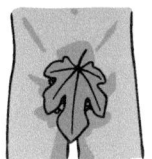

el pene

penis

la ceja

wenkbrauw

el pelo

cabey

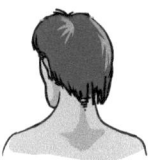

el cuello

nek

el hospital
hospital

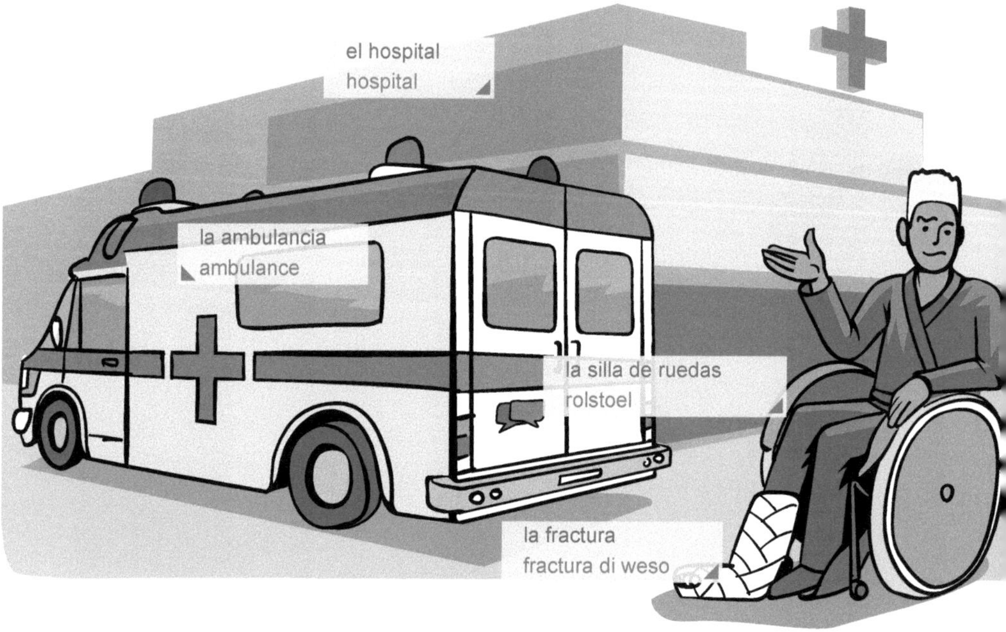

el hospital
hospital
la ambulancia
ambulance
la silla de ruedas
rolstoel
la fractura
fractura di weso

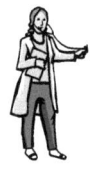

el médico

dokter

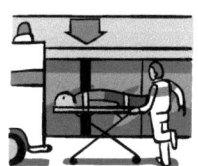

la sala de guardia

EHBO (prome asistencia/eerste hulp)

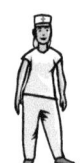

la enfermera

nurse

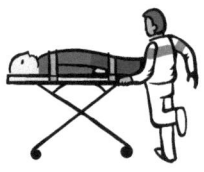

la emergencia

caso di emergencia

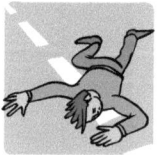

inconsciente

fo'i tino

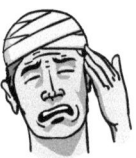

el dolor

dolor

la lesión

lesion

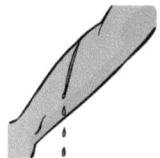

la hemorragia

sangramento

el infarto

ataca di curason

el ACV

ataca celebral

la alergia

alergia

la tos

tosa

la fiebre

keintura

la gripe

griep

la diarrea

diarea

el dolor de cabeza

dolor di cabes

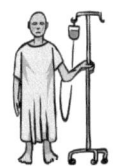

el cáncer

cancer

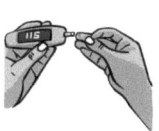

la diabetes

diabetes

el cirujano

ciruhano

el bisturí

scalpel

la operación

operacion

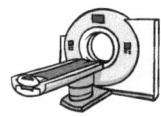

la TC

CT

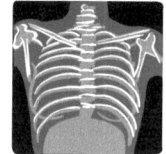

los rayos x

x-ray

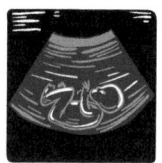

la ecografía

echo

el barbijo

masker contra stof

la enfermedad

malesa

la sala de espera

sala di espera

la muleta

kruk

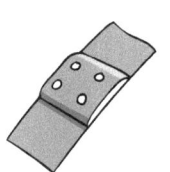

la curita

pleister

la venda

verband

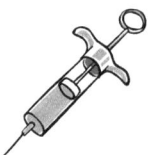

la inyección

inyeccion

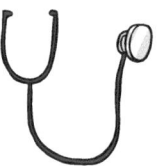

el estetoscopio

stetoscop

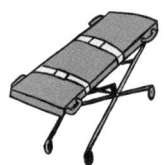

la camilla

brancard

el termómetro

thermometer

el nacimiento

nacemento

el sobrepeso

sobrepeso

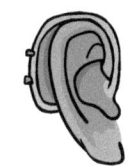

el audífono

aparato pa oido

el desinfectante

desinfectante

la infección

infeccion

el virus

virus

el VIH / SIDA

HIV / AIDS

el remedio

remedi

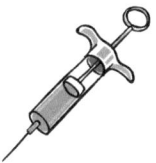

la vacunación

vacuna

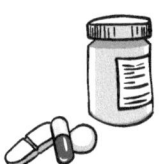

los comprimidos

pilder

la pastilla anticonceptiva

pilder

llamada de emergencia

yamada di emergencia

el tensiómetro

aparato pa midi presion

enfermo / sano

malo / saludabel

¡Ayuda!
auxilio!

la alarma
alarma

la agresión
atraco

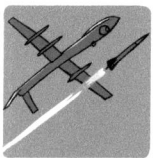

el ataque
atake

el peligro
peliger

la salida de emergencia
salida di emergencia

¡Fuego!
candela

el matafuego
brandspuit

el accidente
desgracia

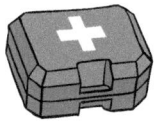

el botiquín de primeros
auxilios
caha di prome asistencia

el SOS
SOS

la policía
polis

Europa

Europa

América del Norte

Noord America

América del Sur

Sur America

África

Africa

Asia

Asia

Australia

Australia

el Atlántico

Oceano Atlantico

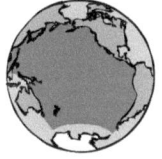

el Pacífico

Oceano Pacifico

el Océano Índico

Oceano Indio

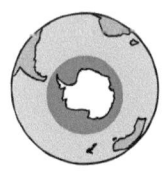

el Océano Antártico

Oceano Antartico

el Océano Ártico

Oceano Artico

el polo norte

Noordpool

el polo sur

Zuidpool

la Antártida

Antartica

la Tierra

mundo

la tierra

tera

el mar

lama

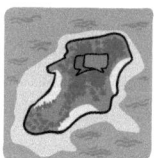

la isla

isla

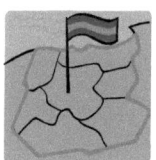

la nación

nacion

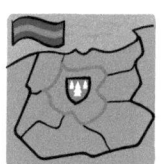

el estado

estado

la esfera

holoshi analog

la manecilla de las horas

wijzer chikito

el minutero

wijzer grandi

el segundero

wijzer di seconde

¿Qué hora es?

Cuant'or tin?

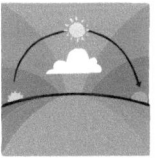

el día

dia

la hora

tempo

ahora

awor

el reloj digital

holoshi digital

el minuto

minuut

la hora

ora

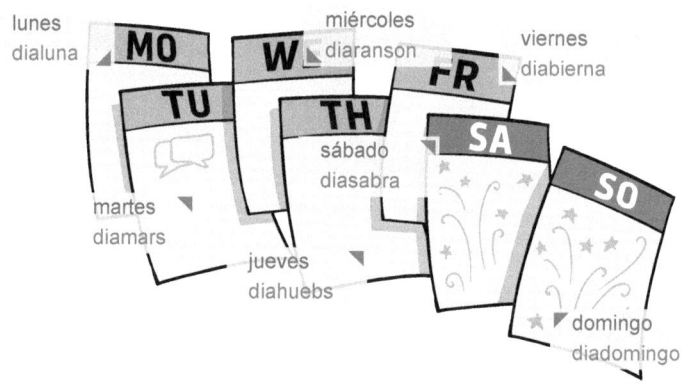

lunes
dialuna

miércoles
diaranson

viernes
diabierna

sábado
diasabra

martes
diamars

jueves
diahuebs

domingo
diadomingo

ayer
ayera

hoy
awe

mañana
mañan

la mañana
mainta

el mediodía
merdia

la tarde
anochi

MO	TU	WE	TH	FR	SA	SU
1	2	3	4	5	6	7
8	9	10	11	12	13	14
15	16	17	18	19	20	21
22	23	24	25	26	27	28
29	30	31	1	2	3	4

los días hábiles
dia di trabou

MO	TU	WE	TH	FR	SA	SU
1	2	3	4	5	6	7
8	9	10	11	12	13	14
15	16	17	18	19	20	21
22	23	24	25	26	27	28
29	30	31	1	2	3	4

el fin de semana
weekend

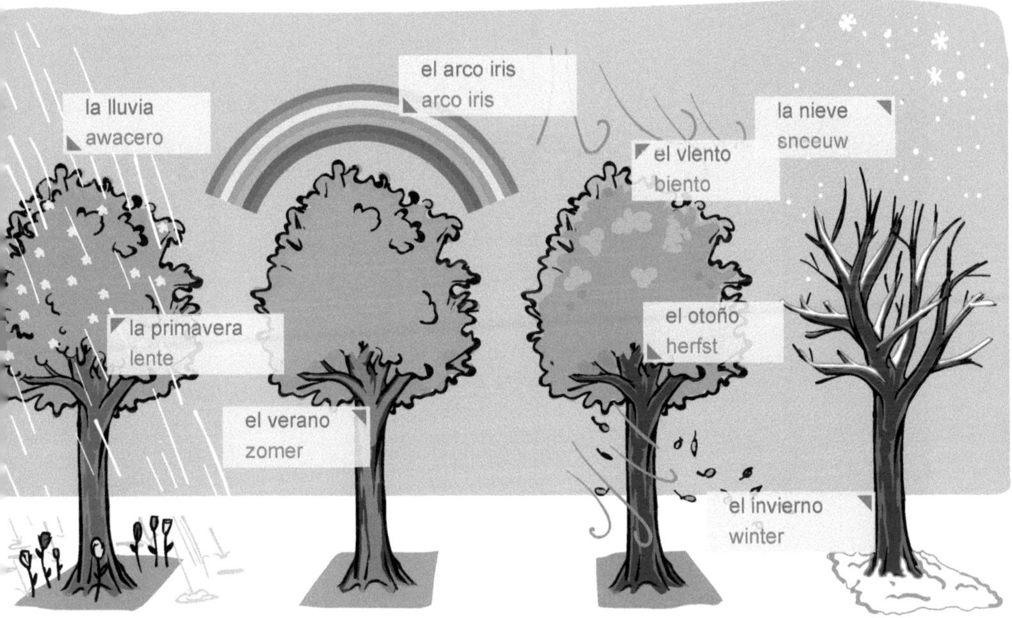

el arco iris
arco iris
la lluvia
awacero
la nieve
sneeuw
el viento
biento
la primavera
lente
el otoño
herfst
el verano
zomer
el invierno
winter

4.APRIL 11°
5.APRIL 4°
6.APRIL 13°
7.APRIL 8°
8.APRIL 10°

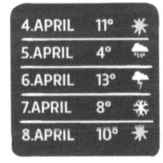

pronóstico meteorológico

pronostico di tempo

F C
120 40
90 30
60 20
30 10
0 0
-10
-20

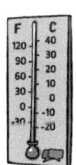

el termómetro

thermometer

la luz del sol

solo ta briya

la nube

nubia

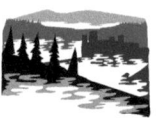

la niebla

neblina

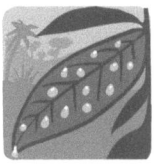

la humedad

humedad

el rayo

lamper

el trueno

strena

la tormenta

mal tempo

el granizo

hagel

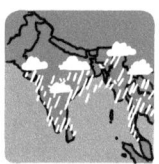

el monzón

mal tempo

la inundación

inundacion

el hielo

ijs

enero

januari

febrero

februari

marzo

maart

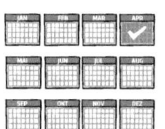

abril

april

mayo

mei

junio

juni

julio

juli

agosto

augustus

septiembre
....
september

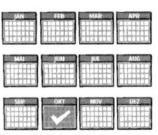

octubre
....
october

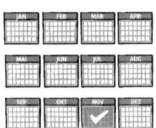

noviembre
....
november

diciembre
....
december

las formas
forma

el círculo
....
circulo

el cuadrado
....
cuadra

el rectángulo
....
rectangulo

el triángulo
....
triangulo

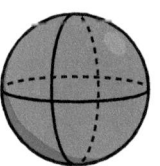

la esfera
....
bol

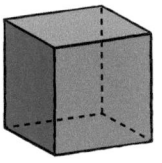

el cubo
....
kubus

blanco
....
blanco

amarillo
....
geel

naranja
....
oraño

rosa
....
ros

rojo
....
cora

violeta
....
biña

azul
....
blauw

verde
....
berde

marrón
....
bruin

gris
....
shinishi

negro
....
preto

mucho / poco

hopi / tiki

enojado / tranquilo

rabia / trankil

lindo / feo

bunita / mahos

el principio / el fin

comienso / final

grande / chico

grandi / chikito

claro / oscuro

cla / scur

el hermano / la hermana

ruman homber / ruman muhe

limpio / sucio

limpi / sushi

completo / incompleto

completo / incompleto

el día / la noche

dia / anochi

muerto / vivo

morto / bibo

ancho / angosto

hancho / smal

comestible / no comestible

comibel / incomibel

malo / amable

mal hende / bon hende

entusiasmado / aburrido

ansioso / ferfela bo mes

gordo / flaco

gordo / flaco

primero / último

prome / ultimo

el amigo / el enemigo

amigo / enemigo

lleno / vacío

yen / bashi

duro / blando

duro / moli

pesado / liviano

pisa / lihe

el hambre / la sed

hamber / sed

enfermo / sano

malo / saludabel

ilegal / legal

ilegal / legal

inteligente / estúpido

inteligente / sabi

izquierda / derecha

robes / drechi

cerca / lejos

cerca / leu

nuevo / usado

nobo / uza

nada / algo

nada / algo

viejo / joven

bieu / jong

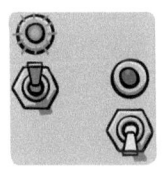

encendido / apagado

cendi / paga

abierto / cerrado

habri / cera

silencioso / ruidoso

keto / duro

rico / pobre

rico / pober

correcto / incorrecto

bon / fout

áspero / suave

grof / liso

triste / contento

tristo / contento

corto / largo

cortico / largo

lento / rápido

pocopoco / lihe

mojado / seco

muha / seco

caliente / frío

cayente / friu

guerra / paz

guera / paz

0

cero

cero

1

uno

un

2

dos

dos

3

tres

tres

4

cuatro

cuater

5

cinco

cinco

6

seis

seis

7

siete

shete

8

ocho

ocho

9

nueve

nuebe

10

diez

dies

11

once

diesun

12

doce

diesdos

13

trece

diestres

14

catorce

diescuatro

15

quince

diescinco

16

dieciséis

diesseis

17

diecisiete

diesshete

18

dieciocho

diesocho

19

diecinueve

diesnuebe

20

veinte

binti

100

cion

shen

1.000

mil

mil

1.000.000

el millón

miyon

el inglés

Ingles

el inglés americano

Ingles Mericano

el chino mandarín

Chines Mandarin

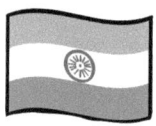

el hindi

Hindi

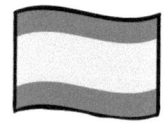

el español

Spaño

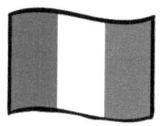

el francés

Frances

el árabe

Arabe

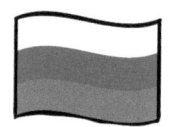

el ruso

Ruso

el portugués

Portugues

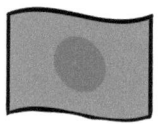

el bengalí

Bengal

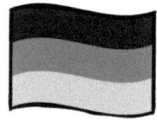

el alemán

Aleman

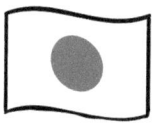

el japonés

Hapones

yo

ami

vos

abo

él / ella

e

nosotros

nos

ustedes

boso

ellos

nan

¿quién?

ken?

¿qué?

kico?

¿cómo?

con?

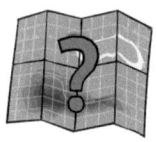

¿dónde?

unda?

¿cuándo?

ki ora?

el nombre

nomber

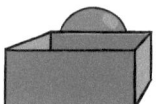

detrás

patras

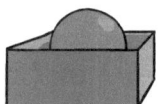

en

den

adelante de

dilanti di

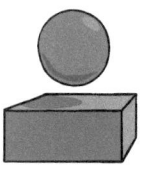

por encima de

ariba

sobre

riba

debajo de

bou di

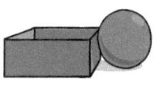

al lado de

banda di

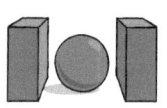

entre

entre

el lugar

luga